ÉDITIONS
DES
AUTEURS LATINS,
HISTORIENS, POÈTES,
PHILOSOPHES, &c.

Dans le goût des Elzévirs, in-12.

A PARIS,

De l'Imprimerie de BARBOU, rue S. Jacques, près la Fontaine S. Benoît, aux Cigognes.

M DCC LXIII.

NOTICE
DES
AUTEURS LATINS
Qui composent la Collection de BARBOU.

LES belles Editions des Auteurs Latins imprimés par les *Elzévirs*, si recherchées pour leur élégance, si commodes par leur format, devenoient plus rares de jour en jour, & peu de gens pouvoient parvenir à les compléter. M. l'Abbé *Lenglet Dufresnoy* conçut en 1743, le dessein de suppléer à la rareté de ces Editions, en faisant réimprimer toute la suite des mêmes Auteurs Latins, *in-12*, &, s'il se pouvoit, aussi proprement que les Elzévirs.

Son projet fut goûté de plusieurs Libraires qui, pour enchérir encore sur les Editions de Hollande, crurent devoir associer les ornemens de la Gravure à ceux de la Typographie. Ainsi furent publiés successivement Catulle, Tibulle & Properce réunis dans un seul volume, Lucrece, Salluste, Virgile, Cornélius Népos, Phédre, Horace, Patercule, Eutrope, Juvenal, une seconde Edition de Phédre fort supérieure à la premiere, & Martial.

On paroissoit en rester là, quand BARBOU, dont le principal commerce roule sur les Livres propres aux Etudes, résolut de poursuivre l'entreprise. Il acquit, pour cet effet, le fond des Auteurs déja publiés par différens Libraires, &

ces Auteurs ont été la base de la belle Collection qu'il continue de former. Il a depuis publié lui-même César, Q. Curce, Plaute, Tacite, les Œuvres choisies de Sénéque, Ovide, & d'autres livres modernes qui ne déparent point cette suite : il a encore réimprimé la plupart des précédens Auteurs qui manquoient, & les nouvelles Editions, exactement conformes aux premieres, ne laissent rien à désirer pour l'exécution typographique.

Voici la Notice de ces Livres, suivant l'ordre des Editions différentes.

Catullus, Tibullus & Propertius pristino nitori restituti, & ad optima exemplaria emendati. Accedunt fragmenta Cornelio Gallo inscripta. 1743-1754. (1 vol.) » Catulle, Tibulle, & Properce représentés dans leur pureté primitive » & corrigés sur les meilleures éditions. On y » a joint les fragmens attribués à Cornelius » Gallus ». Ces quatre Poètes élégiaques que le caractere de leurs poésies rapproche autant que l'âge où ils ont vécu, sont toujours bien assortis ensemble. L'Abbé Lenglet a présidé à la réimpression de ce livre. Le texte de Catulle est formé sur la belle édition de Venise donnée par *Corradini* en 1738. Comme ce Poète est rempli d'expressions singulieres ou d'un usage assez rare, il en a composé une Table, où elles sont rangées par ordre alphabétique, avec leur explication. On s'est servi, pour épurer les textes de Tibulle & de Properce, des corrections des meilleurs Critiques & sur-tout des Leçons de *Joseph Scaliger*, préférables à celles qui ont été hazardées dans les éditions de Cambridge 1702. & de Londres 1715. Les véritables Poésies de Gallus, qui consistent en une Elégie & quatre Epigrammes publiées par *Alde Manuce* le jeune, font à la suite de Properce, avec les six Elégies de *Maximien*, attribuées faussement dans quelques éditions au même Gallus. Les trois premiers Poëtes sont décorés chacun d'un joli frontispice & de quelques autres ornemens.

Titus Lucretius Carus, accurante Steph. And. Philippe. 1744-1754. (1 vol.) » Lucréce revu » par M. Philippe ». La savante édition de *Creech* a guidé l'Auteur de celle-ci. On trouve à la tête du livre la Dissertation de *Lambin* sur la patrie, la naissance, le génie, la vie, la mort & les écrits de Lucréce. Chaque livre du Poëme est précédé d'un argument analytique qui en met sous les yeux toute la substance. Le volume est terminé par de bonnes Variantes. Cette édition, bien exécutée quant à la partie typographique, est encore ornée de belles Estampes qui représentent les sujets les plus pittoresques de chaque livre.

Caii Sallustii Crispi quæ exstant Opera. 1744-1761. (1 vol.) » Ouvrages de Sallusfte qui nous » restent ». Ce volume, dont l'Editeur est encore M. Philippe, contient la vie de l'Historien ; les Guerres de Catilina & de Jugurtha ; deux Lettres attribuées à Sallusfte, & adressées à César, sur le gouvernement de la République ; les Fragmens des histoires & de quelques autres écrits de Sallusfte ; la prétendue Déclamation de Cicéron contre cet Hiſtorien ; deux Tables, l'une des choſes & l'autre des mots, & le Catalogue des éditions de l'Auteur. Celle-ci, très-élégamment imprimée, eſt auſſi décorée de belles Eſtampes gravées d'après M. *Cochin*.

Pub. Virgilii Maronis Opera , curis & ſtudio Steph. And. Philippe. 1745. (3 vol. *in* - 12.) » Les Œuvres de Virgile revues & ſoignées par » M. Philippe ». Cette édition a été faite principalement d'après la belle édition de Florence, donnée en 1741 ſur un Manuſcrit de 1300 ans de la Bibliothéque Laurentine ou de Laurent de Médicis. On a joint, dans le premier tome, aux Eglogues & aux Georgiques, l'ancienne Vie de Virgile attribuée à Donat, l'hiſtoire de ce Poète diſpoſée ſuivant les Faſtes Conſulaires, par le P. *De la Rue*, & les *Juvenilia*, c. a. d. le *Culex*, le Poème intitulé *Ciris*, & les Catalectes de Virgile. Il y a dans les trois volumes, outre les Vignettes, dix - huit Eſtampes de M. *Cochin*.

Cornelius Nepos de Vitâ excellentium Imperatorum , ex recenſione Steph. And. Philippe. 1745. (1 vol.) » Les Vies des grands Capitai- » nes Grecs par Cornelius Nepos, revues par » M. Philippe ». La belle Epître dédicatoire de *Lambin*, Profeſſeur royal de la Langue Grecque, à Henri III, ſert d'introduction à ce livre. Aux 23 Vies des Hommes Illuſtres, & à celles de Caton le Cenſeur & de Pomponius Atticus, on a joint les Fragmens des Chroniques & des autres Ecrits de Nepos ; la Chronologie des Capitaines Grecs, par *André Schett*, mais corrigée & augmentée ; celle des années de Caton par le même ; celle de Pomponius Atticus, par *Erneſt*, & un Catalogue des principales éditions de l'Auteur. Les Vies ſont ornées des têtes des Capitaines Grecs, gravées d'après les Médailles, ou d'autres anciens monumens, & le frontiſpice du livre d'une jolie Eſtampe de M. *Cochin*.

Q. Horatii Flacci Carmina nitori ſuo reſtituta, acccurante Stephan. And. Philippe. 1746. (1 vol.) » Les Poéſies d'Horace rétablies dans » leur pureté, par les ſoins de M. Philippe ». A la tête de cette édition, on trouve un morceau du P. *Rodelle*, J. ſur l'extraction de Mecenas qu'il prouve être véritablement deſcendu des Rois d'Etrurie.

Caii Velleii Paterculi Hiſtoriæ Romanæ Libri duo, accurante Steph. And. Philippe. 1746. (1 vol.) » Les deux Livres de l'Hiſtoire Ro- » maine de Patercule, revus par M. Philippe ». Les ornemens Littéraires de cette édition, conſiſtent en une Table Géographique très-utile pour l'intelligence de l'Auteur, un extrait des Annales de Patercule dreſſées par *Dodwel*, & un Catalogue des éditions qui ont précédé celle-ci : ceux de la Gravure ſont, un frontiſpice, deux vignettes, & un cul de lampe gravés ſur les deſſeins de M. *de Seve*.

Eutropii Breviarium Hiſtoriæ Romanæ. Accedunt Selectæ Lectiones dilucidando auctori appoſitæ. 1746. (1 vol.) » Abregé de l'Hiſtoi- » re Romaine, par Eutrope. On y a joint des » Variantes choiſies qui ſervent à éclaircir cet

» Auteur ». Outre la pureté du texte & l'élégance typographique qui diſtinguent cette édition, on y trouve les Obſervations de *Tanaquil Lefebvre*, & deux Tables, l'une des choſes, l'autre des mots dignes de remarque. L'éditeur eſt feu M. *Deline*. Il y a un frontiſpice du deſſein de M. *Eiſen*.

Decii Juvenalis Satyrarum Libri quinque — Aulus Perſius Flaccus, ex recognitione Steph. And. Philippe. 1746. (1 vol.) » Les cinq Livres » des Satyres de Juvenal, & les Satyres de Perſe, » revus par M. Philippe ». Au commencement du volume, eſt la ſavante Diſſertation de *Nicolas Rigault* ſur la Satyre de Juvenal, adreſſée à Jacques Auguſte de Thou. On a joint à ces deux Poëtes Satyriques la Satyre de *Sulpicie* ſur l'état de la République Romaine, du temps de Domitien, après l'expulſion des Philoſophes. Les Gravures conſiſtent en un frontiſpice, en pluſieurs vignettes, & en quelques culs de lampe ou fleurons.

Phædri, Auguſti liberti, Fabulæ. Ad manuſcriptos codices, & optimam quamque editionem emendavit Steph. And. Philippe. Acceſſerunt Notæ ad calcem. 1747. » Les Fables de Phédre, » Affranchi d'Auguſte, revues & corrigées ſur » les manuſcrits & ſur les meilleures éditions, par » M. Philippe. On y a joint des Notes miſes à la » fin du volume. — *Flavii Aviani Fabularum Æſopiarum Liber unicus, accurante Steph. And. Philippe*. 1747. » Les Fables de Flavius Avien » en un ſeul livre, revues par le même. » (1 vol.) Cette édition qui a remplacé l'ancienne édition de l'Abbé *Mafcrier* réduite aux feules Fables de Phédre, contient la Vie de cet Auteur, par *Jean Schœffer* de Strasbourg; le Catalogue des éditions de Phédre; un bon choix de Variantes fur ce Fabulifte; les cinq livres des Fables, avec celles qui ont été retrouvées par *Gudius* ou *Goude;* un *Appendix* compofé de Fables latines en profe & en vers, de différens Auteurs, fur divers fujets traités par Phédre; le livre des Fables d'*Avien* en vers élégiaques; les Sentences de *Sénéque, le Tragique,* & celles du fameux Comédien *Publius Syrus,* rangées enfemble par ordre alphabétique, avec la Préface de *Lefebvre* & les Notes de *Jean Gruter.* Les Notes fur Phédre mifes après coup, qui terminent ce volume, ne font pas de M. Philippe. On voit combien ce livre eft rempli. Il eft d'ailleurs, pour l'impreffion & le papier, d'une beauté peu commune: il eft de plus orné d'un frontifpice, d'un fleuron, de plufieurs vignettes & de quelques culs de lampe, dont les fujets font tous relatifs aux Fables de Phédre & d'Avien.

M. Valerii Martialis Epigrammatum Libri, ad optimos codices recensiti & caftigati. 1754. (2 vol.) » Les Epigrammes de Martial revues » & corrigées fur les meilleures éditions par » M. l'Abbé *le Mafcrier* ». On trouve ici jufqu'aux Epigrammes attribuées à Martial dans quelques manufcrits, mais féparément & à la fin du fecond Tome, avec de nombreufes Variantes. Ce livre eft orné d'un frontifpice & de deux vignettes qui caractérifent l'Auteur.

C. Julii Cæsaris quæ exstant Opera, cum Hirtii sive Oppii Commentariis de Bellis Gallico, Civili, Alexandrino, Africano & Hispan. 1755. (2 v.) « Les Œuvres de Jule César, avec les Mémoires » d'Hirtius ou d'Oppius, sur la Guerre des Gaules » la Guerre Civile, & sur celles d'Alexandrie, » d'Afrique & d'Espagne ». Le premier vol. contient un morceau de *Vossius* le pere, sur la vie & les écrits de César ; les sept livres de la Guerre des Gaules écrits par ce grand Capitaine ; le huitiéme livre ajouté par Hirtius Pansa ; la Dissertation de *Dodwel* sur l'auteur de ce huitiéme livre & des guerres d'Alexandrie, d'Afrique & d'Espagne, avec une Nomenclature Géographique des peuples, villes, rivieres, &c. dont les noms se trouvent dans César. Le second Tome est composé des trois livres de la Guerre Civile par César, & des trois livres d'Hirtius des Guerres d'Alexandrie, d'Afrique & d'Espagne ; auxquels on a joint les Fragmens de divers écrits de César, & le Catalogue des éditions différentes de cet Auteur. Celle-ci est ornée de quatre cartes, d'un frontispice où est le médaillon de César, & de quelques vignettes.

Quinti Curtii Rufi de Rebus gestis Alexandri Magni Libri decem. 1757. (1 vol.) « Les dix » livres de l'Histoire d'Alexandre le Grand, par » Quinte-Curce, avec les Supplémens de Freins- » hemius ou Freinsheim ». Cette édition figure bien avec celle de César : elles sont dues l'une & l'autre aux soins d'un homme de Lettres du premier ordre. Le texte de Q. Curce est ici le même que celui de *Henri Snakenburg* (le plus exact de tous), mais que l'Editeur a conféré avec les Manuscrits du Roi. L'impression en est très-soignée. Les ornemens de la Gravure consistent en un frontispice, un cul de lampe & une vignette, tous sujets relatifs à l'Histoire d'Alexandre, & gravés sur les desseins de M. *Eisen*. On trouve à la fin du volume le Catalogue des principales éditions de Q. Curce.

Marci Accii Plauti Comœdiæ quæ superfunt. 1759. (3 vol.) » Les Comédies de Plaute, avec » les Fragmens qui nous restent ». M. *Capperonnier*, l'un des Gardes de la Bibliothéque du Roi, Professeur royal de la Langue Grecque, & de l'Académie des Inscriptions & Belles-lettres, est l'auteur de cette édition qu'il a dédiée à M. l'Abbé Sallier, son prédécesseur. M. l'Abbé *Valart* y a aussi quelque part. Ce livre est sans contredit un des plus parfaits de la Collection pour l'élégance du caractere, la correction, la propreté, le grand net, & la beauté des ornemens. Le texte est d'une pureté singuliere ; les noms des Interlocuteurs, dans chaque piéce, sont hors ligne & distingués, comme dans nos Dramatiques françois. Chaque volume est décoré d'un frontispice & d'une vignette gravés d'après les desseins de M. *Eisen*. A la fin du troisiéme Tome, est une Table alphabétique où sont expliqués tous les mots & les tours particuliers de Plaute ; c. a. d. ceux qu'il a forgés par plaisanterie, ceux qui depuis son temps ont vieilli, & les expressions détournées ou qui ont subi quelque changement. Cette Table facilite beaucoup l'intelligence de ce Comique, & peut tenir lieu de notes. On y a joint un Catalogue des principales éditions de Plaute.

C. Cornelii Taciti quæ exſtant Opera, recenſuit J. N. Lallemand. 1760. (3 vol.) » Les Œuvres » de Tacite revues par M. Lallemand, ancien » Profeſſeur de l'Univerſité ». Cette édition n'en céde point à celle de Plaute. Le texte en eſt très-correct, & formé principalement ſur la bonne édition d'*Erneſt*. A la tête du premier volume, eſt le Tableau généalogique de la famille d'Auguſte, par *Juſte-Lipſe*. Des notes ſommaires ſur tous les livres de Tacite, miſes à la fin de chaque Tome, diſtinguent cette édition de toutes celles qui compoſent cette Collection, à l'exception du Phédre. Il y a auſſi une Table des noms propres de lieux & de perſonnes. Chaque volume eſt orné d'un frontiſpice & d'une vignette gravés d'après les deſſeins de M. *Eiſen*.

Selecta Senecæ Philoſophi Opera, in Gallicum verſa, operâ & ſtudio P. F. X. D. 1761. (1 vol.) » Œuvres choiſies de Sénéque en latin & en » françois, par M. *Denis* ». Les ouvrages que contient ce volume, ſont le Traité de la Briéveté de la Vie ; celui de la Providence ; l'Epître 88e. de Sénéque qui roule ſur les ſept Arts libéraux, & huit lettres du même à Lucilius. Ces morceaux ſont ſuivis de la Traduction françoiſe, avec des Remarques. [3 *l.* 15 *ſ.*]

Publii Ovidii Naſonis Opera quæ ſuperſunt, 1762. (3 vol.) » Les Œuvres d'Ovide avec » les Fragmens ». L'édition d'Ovide la plus eſtimée, eſt ſans contredit celle de *Nicolas Heinſius*, qui avoit ſoigneuſement conſulté tous les manuſcrits de ce Poète : *Burman* l'a suivie & l'a encore améliorée. Or c'est l'édition de Burman qui a servi de base à celle-ci ; mais on y a joint d'excellentes corrections copiées sur un exemplaire d'Ovide qui avoit appartenu à Politien, & que l'on conserve à Florence dans la Bibliothéque Laurentine, corrections communiquées par M. *Heerkens*, savant de Groningue. On a observé dans cette édition la distribution établie pour les diverses Poésies d'Ovide. Les Erotiques qui composent le premier Tome, avec une partie des Fragmens, sont précédés de la Vie abregée du Poëte d'après celle de *Jean Masson*. A la fin des Metamorphoses qui forment le second Volume est une Table exacte des Fables & de toutes les choses remarquables. Le troisiéme Tome est terminé par un Catalogue des principales éditions d'Ovide. Celle-ci que l'on ose assurer être la plus correcte de toutes, ne le céde pour l'élégance & la netteté à aucune de la collection. Chaque Volume est orné d'une Estampe & d'une Vignette gravés sur les desseins de M. *Eisen*. On en trouve l'explication à la fin du second Volume.

Theodori Bezæ, Vezelii, Poemata. — Marci-Antonii Mureti Juvenilia. — Joannis Secundi, Hagiensis, Juvenilia. — Joannis Bonefonii, Arverni, Pancharis & Pervigilium Veneris. 1757. (1 vol.)
« Les Poésies de Théodore Beze, de Vezelai ; les Amusemens de la jeunesse de Marc-Antoine, & de Jean Second, Hollandois ; la Pancharis & la veillée de Vénus de Jean Bonnefon, d'Auvergne ». On voit d'un coup d'œil que le goût, autant que l'amour des Let-

tres, a présidé à la réunion & au choix de ces Poésies remplies d'agrémens. Ce volume est décoré des portraits ou médaillons de Beze & de Muret excellemment gravés par le S. *Ficquet*.

Sarcotis. Carmen, auctore Jacobo Mafenio S. J. Editio altera, curâ & studio J. Dinouart. 1757. (1 vol.) » Sarcothée, *ou* la Nature Humaine. » Poème du P. Mafenius. J. Seconde Edition, » revue & foignée par M. l'Abbé Dinouart ». Ce Poème élégant, qui n'étoit pas fort connu, n'avoit point encore été imprimé en France. On a prétendu que Milton y avoit pris le fond du sien, c. a. d. du *Paradis perdu.* C'est une discussion qui regarde les Critiques, & dont les piéces insérées dans les *Mémoires de Trévoux* & dans le *Journal Etranger*, se retrouvent ici. On y a joint la Traduction françoise du Poème latin faite par l'Editeur. [3 *liv.* 15 *sols.*]

Matthiæ Casimiri Sarbievii è S. J. Carmina. Nova Editio prioribus longè auctior & emendatior. 1759. (1 vol.) » Poésies de Mathias Casimir Sar- » biewski. J. Nouvelle édition beaucoup plus » ample & plus correcte que les autres ». Cet excellent Poète lyrique, que Grotius mettoit à côté d'Horace, & qui a été réimprimé tant de fois, n'a jamais été si complet ni si foigné que dans cette édition. Les Epodes sont augmentées ici de près de moitié ; les 6 & 7e livres paroissent pour la premiere fois. Ces augmentations sont le fruit des recherches faites en Pologne & en Lithuanie, par M. *Vander-ketten*, Chanoine régulier de l'Ordre de S. Sauveur. Ce volume est enrichi d'une Table historique &

géographique, qui répand bien du jour fur ces Poésies. [3 *liv.* 15 *fols.*]

Francisci Jofephi Desbillons è S. J. Fabularum Æsopiarum Libri quinque priores diligenter emendati: Editio tertia quam folam Auctor agnofcit; & Libri quinque alteri nunc primùm editi. 1759. (1 vol.) » Les cinq premiers Livres des » Fables du P. Desbillons J. foigneufement cor- » rigés. Troifiéme Edition, la feule avouée » par l'Auteur, & augmentée de cinq autres » Livres publiés pour la premiere fois ». De tous les Fabuliftes Latins qui ont écrit depuis l'Affranchi d'Augufte, aucun n'a plus approché de l'élégante fimplicité, de l'expression concife & naïve, & de la pureté de Phédre, que l'Auteur de ces nouvelles Fables. Cette Edition faite fous fes yeux, eft d'ailleurs aussi correcte que les éditions étrangeres de la premiere partie font défectueufes. On a joint aux dix Livres des Fables, une efpéce de Supplément (*Appendix*), intitulé, *Joci*, & un Poème en vers hexamétres qui a pour titre : *Selecta Philofophorum veterum Placita*. La Préface, mife à la tête des Fables, contient une Notice des Fabuliftes anciens & modernes. Il y a un joli frontifpice. (3 *liv.* 15 *fols.*)

De Imitatione Chrifti, Libri quatuor ad octo Manufcriptorum ac primarum Editionum fidem caftigati, & mendis plus fexcentis expurgati, ex recenfione Jofephi Valart. 1758. (1 vol.) » Les » quatre livres de l'Imitation de Jefus-Chrift, » corrigés fur huit Manufcrits, ainsi que fur les » premieres éditions, & purgés de plus de 600

» fautes, par M. l'Abbé Valart ». Cette Edition que l'on peut regarder comme la premiere dans ce genre, est exécutée avec tout le soin qu'exigeoit le mérite du livre. Elle est enrichie d'un petit Dictionnaire latin formé des expressions singulieres qui sont dans l'ouvrage, & d'une Dissertation où l'on établit que *Gersen*, Abbé de Verceil, en est le véritable Auteur. [5 *liv.*]

Imitation de Jesus-Christ. Traduction nouvelle faite sur l'Edition précédente, par M. l'Abbé Valart. 1759. (1 vol. même format que le latin.) L'Ordinaire de la Messe est à la tête du livre. Cette Traduction qui est exacte, représente bien la simplicité & l'onction de l'Original. [3 *liv.*]

Les anciens Auteurs Latins se continuent : Ciceron est actuellement sous presse, il en paroîtra deux *Vol.* au commencement de 1763. Il sera suivi de *Justin*, *Pline* le Naturaliste, &c.

Le prix de ces Auteurs (qui forment aujourd'hui 32. *vol.*) réliés en veau, dorés sur tranche avec filets d'or, est de 182 liv. & chaque Vol. séparément se vend 6 *livres.*

Il y a des Exemplaires en papier de Hollande.

www.ingramcontent.com/pod-product-compliance
Lightning Source LLC
Chambersburg PA
CBHW061620040426
42450CB00010B/2589